Stefan Hiene

49
WUNDER

100%
RECYCLINGPAPIER

Originalausgabe:
Stefan Hiene, 49 Wunder
© Verlag für Aufwachkultur, 2016
verlag@hiene.de | www.aufwachkultur.de

Stefan Hiene, 49 Wunder
© Kamphausen Media GmbH, Bielefeld 2018
info@kamphausen.media | www.weltinnenraum.de

Buchmentorin: Margarete Hohner
Idee & Lektorat: Pia Fleischer
Illustration & Layout: Mascha Seitz
Druck & Verarbeitung: Westermann Druck Zwickau

ISBN print 978-3-95883-301-2
ISBN eBook 978-3-95883-302-9

1. Auflage 2018

Bibliografische Information der Deutschen Nationalbibliothek
Die Deutsche Nationalbibliothek verzeichnet diese Publikation in der Deutschen
Nationalbibliografie; detaillierte bibliografische Daten sind im Internet über
http://dnb.d-nb.de abrufbar.

Dieses Buch wurde auf 100% Altpapier gedruckt und ist alterungsbeständig.
Weitere Informationen hierzu finden Sie unter www.weltinnenraum.de

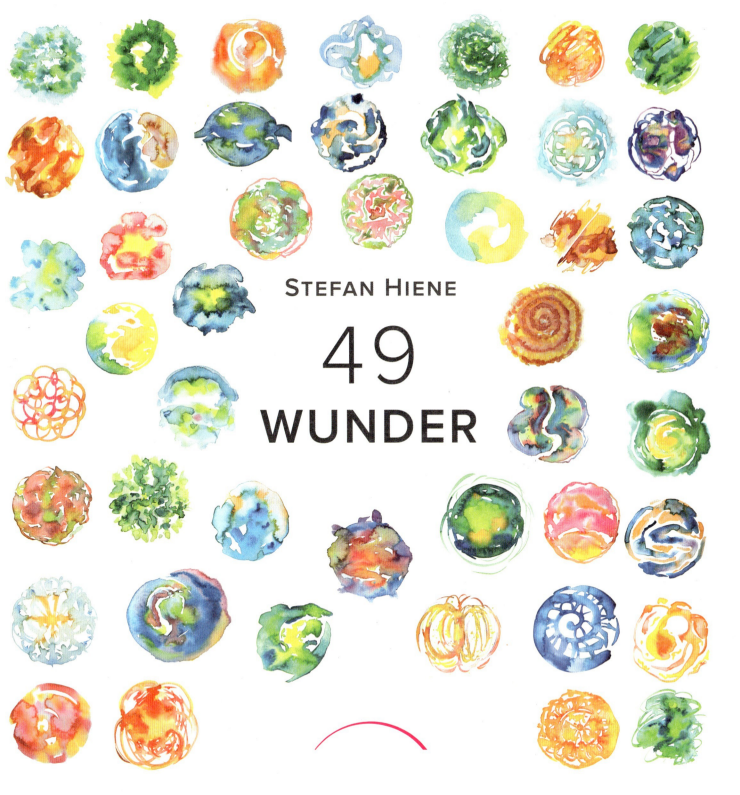

Stefan Hiene

49

WUNDER

Inhaltsverzeichnis

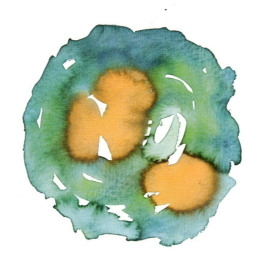

VORWORT

Vorwort | 49 Wunder

 *Du bist nicht wundervoll, du bist das Wunder!*

Dein Leben ist ein Leben voller Missverständnisse und es gibt eine Lösung dafür:

49 Wunder.

Du bist als Wunder hierher gekommen.

Das steht zweifelsfrei fest.

Doch schon als Kind wurde dir beigebracht, dass du keines bist, dass du dich nicht so aufführen sollst, als wärst du ein Wunder, als würdest du im Mittelpunkt stehen, als wärst du das Zentrum der Welt.

Bist du aber.

Du bist ein Wunder. Du stehst im Mittelpunkt. Du bist das Zentrum der Welt.

Aus dieser unbewussten, aber nichtsdestotrotz fatalen Fehleinschätzung deiner primären Bezugspersonen, der so genannten „Erwachsenen" (Vater, Mutter, Verwandte, Lehrer), ergeben sich alle Probleme deines späteren Lebens:

Du hast Hinweise, Tipps und Ratschläge von Menschen bekommen, die selbst nicht glücklich sind.

Sie haben behauptet, dass sie es gut mit dir meinen, dass sie das alles aus Liebe tun und weil sie die Verantwortung für dich haben.

Vorwort | 49 Wunder

Das war eine Lüge!

Denn tatsächlich haben sie ihre eigene Angst auf dich übertragen und dir das verboten, was du angstfrei machen wolltest, damit sie ihre eigenen Gefühle nicht fühlen müssen.

Statt dich als Wunder anzuerkennen und dich bedingungslos so zu lieben, wie du bist, haben sie dich erzogen.

Sie haben dich in eine Richtung gezogen, die ihnen gefällt und als gefällig gilt.

Deshalb haben sie dir ihre Liebe nicht bedingungslos, sondern nur bedingt gegeben.

Sie haben dir gesagt, du bist wundervoll – aber nur, wenn es in ihre Definition gepasst hat.

Wenn du so warst, wie sie es von dir erwartet haben.

Du bist aber nicht wundervoll, du bist das Wunder – ganz egal, wie du gerade bist!

Du bist auch dann ein Wunder, wenn du widersprichst, wenn du anders bist, als dich die anderen gerne hätten, wenn du dich abwendest, wenn du nicht liebst, wenn du bockig bist, wenn du lustlos bist, wenn du keine Kraft hast, wenn du ängstlich oder traurig bist, wenn du all die Gefühle fühlst, die dir ausgeredet wurden.

Vorwort | 49 Wunder

Deine Bezugspersonen haben während deiner gesamten Kindheit vergessen, ihre wichtigste Verantwortung sich selbst gegenüber wahrzunehmen – die einzige Verantwortung, die es jemals gibt:

Sie haben es nicht geschafft, selbst glücklich zu sein.
Doch wie will jemand, der selbst nicht glücklich ist, andere glücklich machen?
Dieses Dilemma zieht sich deshalb auch wie ein roter Faden durch dein gesamtes Leben:

Du weißt nicht, wofür du hier bist.

Es fühlt sich sinnlos an.

Du suchst nach deiner Berufung, kannst sie aber nicht finden.

Du gibst deine Angst an deine Kinder weiter – genau so, wie du es von deinen Eltern gelernt und wozu du noch keine Alternative gefunden hast.

Und du suchst das Glück an Orten, an denen es nicht ist, weil deine Erziehung dein Navigationssystem geschrottet hat.

Meine 49 Wunder helfen dir bei der Reparatur!

PS: Ich bin gerne dein Mechaniker, fahren musst du aber selbst!

1

DEIN NAVIGATIONSSYSTEM

1 Dein Navigationssystem

Jeder von uns hat dieses eingebaute Navigationssystem.

Unsere Gefühle zeigen uns, ob wir in Übereinstimmung mit unserer Seele leben oder nicht.

In unserer „rationalen" Welt wirkt dieses Navigationssystem irrational, naiv und lächerlich.

Viele trauen sich deshalb nicht, sich daran zu orientieren.

Doch was könnte irrationaler, naiver und lächerlicher sein, als ein Leben lang gegen sich selbst und seine eigenen Gefühle zu leben?

Wenn du damit beginnst, dein Navigationssystem zu nutzen, wirst du anfänglich äußerlich anecken und man wird dich belächeln.

Doch innerlich werden viele neidisch auf dich sein, dass du den Mut hast, dein Navigationssystem zu deinem Vorteil zu nutzen.

Innerlich werden nur diejenigen lächeln, die sich daran orientieren.

Denn sie werden glücklich sein!

2

ZUR ERINNERUNG

2 Zur Erinnerung

Dein Leben ist kein Lernprozess,
sondern ein Erinnerungsprozess:

Dein Leben erinnert dich daran,
wer du bist
und
warum
und
wozu
du hier bist.

3

MOTIVATION

3 Motivation

 *Motivation ist eine natürliche Begleiterscheinung deiner Wunschgefühle.*

Vergiss die Idee, dass du dich jemals zu etwas motivieren solltest.

Motivation kannst du nicht „machen".

Wenn du dich zu etwas motivieren musst, um es zu tun, geht das nur mit Härte dir selbst gegenüber.

Diese Härte ist unter einem vollkommen veralteten Weltbild entstanden und hat maximal kurze Glückszustände zur Folge.

Wenn du radikal, also bedingungs- und kompromisslos, deinen Wunschgefühlen folgst, ist Motivation eine beiläufige Begleiterscheinung, über die du nicht nachdenken musst.

Sie wird dir meistens sogar noch nicht einmal auffallen, weil du „es" selbstverständlich tust, während du in einem Zustand bist, der dir gefällt.

4

MACH ALLES NUR FÜR DICH!

4 Mach alles nur für dich!

„Egoismus" ist der Vorwurf eines anderen Egos und selbst die so genannte „Selbstlosigkeit" hat ein inneres Ziel:

Du hast nämlich noch nie irgendetwas für einen anderen getan.

Alles, was du jemals getan hast, hast du für dich getan.

Entweder wolltest du ein bestimmtes Gefühl verdrängen oder verstärken, oder du wolltest ein bestimmtes Gefühl überhaupt erst erreichen.

Ignoriere deshalb Vorwürfe genauso wie Lob und mache alles für dein Wunschgefühl!

Denn: Was du anstrebst, ist nicht das Ziel, sondern das Gefühl, das du als Idee mit diesem Ziel verbindest.

Wenn du statt dem Ziel das Gefühl anstrebst, erreichst du dein Ziel schon auf dem Weg.

5

FÜHLE DEINE GEFÜHLE

5 Fühle deine Gefühle

Deine Gefühle fallen nicht irgendwann als Karma auf dich zurück.

Deine Gefühle wirken sich bereits im ersten Moment deines Fühlens direkt auf dich aus.

Das kannst du spüren und das gilt ohne Ausnahme und unabhängig von der Art des Gefühls:

Wenn du jemanden hasst, wirkt sich das Gefühl als allererstes körperlich auf dich aus. Es schadet also nicht demjenigen, den du hasst, sondern dir ganz persönlich.

Genauso ist es natürlich auch, wenn du jemanden liebst.
Deine Liebe wirkt sich als allererstes auf deinen eigenen Körper aus.

Erst durch die aus Gefühlen entstehenden Handlungen sind dann irgendwann auch andere davon betroffen.

Aber als Erstes trifft es immer dich selbst.

Alles, was du anderen antust, hast du deshalb vorher und in erster Linie bereits dir selbst angetan und du hast die Wahl, mit welchen Gefühlen du dich und deinen Körper behandelst.

6

WIR UND DIE ANDEREN

6 Wir und die anderen

Es gibt nur zwei Dinge, die in unserer menschlichen Welt schief laufen und die der Grund für Ungleichgewicht sind:

1. Wir versuchen andere zu verändern, bevor wir uns selbst ändern.

2. Wir versuchen anderen etwas Gutes zu tun, bevor wir uns selbst etwas Gutes tun.

7

DU BIST DIE LÖSUNG

7 Du bist die Lösung

Hasst du die Menschheit oder bestimmte Gruppen davon?

Kommst du mit der Welt, wie sie momentan ist, nicht klar?

Siehst du eine Menge Probleme und keine Lösungen?

Willst du andere aufklären und missionieren?

Fang mit dir an!

Wenn du unbedingt Fehler finden willst, wirst du sie finden.

Wenn du Glück, Freude, Zufriedenheit und Menschlichkeit finden willst, wirst du sie ebenfalls finden.

Stell den Fernseher ab und beschäftige dich auch online nur noch mit Dingen, die dir gut tun.

Umgib dich mit positiven Menschen und programmiere dich neu.

Versuche nicht, deine Persönlichkeit zu ändern, sondern integriere deine so genannten negativen Aspekte und hol das Beste aus ihnen heraus.

8
(WELT-) FRIEDEN I

8 (Welt-) Frieden I

Ich lese gerade, dass der Weltfrieden angeblich in Gefahr sei und frage mich, welchen Frieden der Autor meint?

Selbst in friedlichen Ländern leben die meisten Menschen im Krieg – entweder mit sich selbst oder mit ihrem Umfeld.

Es gibt vier Stufen deines Friedens:

1. Bist du friedlich dir selbst gegenüber?

Kannst du dich akzeptieren, annehmen und lieben, so wie du jetzt gerade bist? Kannst du deine Gefühle fühlen, ohne dich selbst dafür zu verurteilen?

2. Bist du mit deinem Leben in Frieden?

Kannst du sehen, dass dein Leben perfekt ist oder glaubst du, dass dich äußere Umstände glücklicher und zufriedener machen könnten, als du jetzt in diesem Moment sein kannst?

8 (Welt-) Frieden I

3. Bist du friedlich zu deinem Umfeld?

Kannst du sehen, dass die Menschen in deinem Umfeld – genau wie du selbst – perfekt sind?

Kannst du die Gefühle fühlen, die andere in dir auslösen, ohne sie dafür zu verurteilen?

Kannst du deine Streitsucht aufgeben und dich friedlich von denen trennen, die nicht (mehr) zu dir passen und die Zeit für diejenigen nutzen, die du liebst?

4. Bist du mit der Welt in Frieden?

Kannst du sehen, dass die Welt perfekt ist und du friedlich in ihr leben kannst?
Oder hast du noch Feindbilder und machst dich damit selbst zu einem Teil des Problems und des Nicht-Friedens?

Wenn du diese vier Stufen meisterst, ist der Weltfrieden für immer gesichert!

9

FRIEDEN II

9 Frieden II

Ich trage alle Aspekte des Lebens in mir – die Aspekte des Krieges genauso, wie die Aspekte des Friedens:

Ich kenne den Wunsch, Macht ausüben und andere oder das Leben kontrollieren zu wollen.

Einige Male, im Grunde mehr als mein halbes Leben lang, habe ich es auch versucht.

Meistens hat es nicht funktioniert.

Und selbst wenn es funktioniert hat, war die Genugtuung nur von kurzer Dauer.

Deshalb weiß ich, wie es den so genannten Mächtigen dieser Welt geht.

Sie spüren den gleichen Wunsch wie ich und sie nutzen die Möglichkeit, ihn auszuleben.

Während sie das machen, sehe ich ihre Verzweiflung.

Ich sehe in ihren Augen, dass sie nicht glücklich sind.

9 Frieden II

Ich kenne auch den Wunsch, für Frieden sorgen zu wollen und dabei zu vergessen, dass es für Frieden nur einen Einzigen braucht und zwar mich selbst.

Um Frieden zu stiften, muss ich weder ein Mächtiger sein, der andere in die Schranken weist, noch ein Ohnmächtiger, der gegen die Mächtigen ist.

Ich weiß, wie es den Aktivisten geht, die ihre Ohnmacht fühlen, weil ich sie selbst fühle.

Ich kenne ihre Wut und ihre Verzweiflung.

Sie denken, jetzt müssten wir alle zusammenhalten und gemeinsam gegen die Mächtigen vorgehen.

Aber die Mächtigen sind in uns und mit diesem Kampf zerstören wir uns selbst.

Das Einzige, was für Frieden wirklich notwendig ist:

Erkenne dich selbst in allem und sei bereit, alle Gefühle zu fühlen, die damit verbunden sind.

10

KEINE SCHULD

10 Keine Schuld

Wer ist schuld an deinen Gefühlen?

Auf unserer Welt geht überhaupt nichts schief.

Wir spielen nur ein einziges, sehr seltsames und unbewusstes Spiel.

Dieses Spiel heißt:

„Du bist verantwortlich für die Gefühle, die ich fühle!"

Daraus ergibt sich automatisch unsere Welt, wie sie ist.

Wir können uns gar nicht vorstellen, wie sehr sich diese Welt ändert, sobald wir dieses Spiel nicht mehr spielen.

Bitte mach jetzt aber nicht den Fehler und übernehme die Verantwortung für deine Gefühle.

Das ist nur das Gegenteil des bisherigen Spiels:

Erst gibst du die Schuld anderen, dann gibst du die Schuld dir selbst.

Wie wäre es, wenn du einfach niemandem die Schuld gibst?

11
DEIN WEG ZUM GLÜCK
IN SECHS WORTEN

11 Dein Weg zum Glück in sechs Worten

Die Regeln, die du im Laufe deines Lebens gelernt hast, sind dazu da, um dich im Mittelmaß gefangen zu halten.

Sie existieren nicht wirklich, sondern nur in dem Moment, in dem du an sie denkst und ihnen damit Bedeutung und Wirkung gibst.

Der Teil, der etwas weiß, vergleicht alles Neue mit Bisherigem und Bestehendem.

Er hat keine Ahnung von Kreativität, weil Kreativität das ist, was noch nicht besteht und deshalb mit Altem nicht vergleichbar ist.

Sonst wäre es nicht neu.

Richte deine Aufmerksamkeit auf den Teil in dir, der nichts weiß.

Das ist dein kreativer Teil.

Das ist der Schöpfer in dir.

Er weiß nichts und kreiert trotzdem.

Dein Gehirn ist als kreativer Schöpfer gedacht.

11 Dein Weg zum Glück in sechs Worten

Wenn du es nicht auf positive Art im Raum des Nicht-Wissens nutzt, arbeitet es gegen dich und erfindet Geschichten darüber, was alles schief gehen könnte.

Erst wenn du diesen Geschichten nicht mehr glaubst, bist du in der Lage zu kreieren.

Vergiss also alles, was du gelernt hast und erlebe jeden Moment neu.

Dadurch verwandeln sich deine angstbesetzten Geschichten in kreative Schöpfung.

Dein Weg zum Glück in sechs Worten:

Vergiss alles, was du gelernt hast!

12

KREATIVITÄT

12 Kreativität

Wenn du deine Kreativität nicht lebst, verwendet sie dein Verstand gegen dich.

Spätestens sobald du erwachsen bist — oft sogar schon vorher — will keiner mehr, dass du deine Kreativität lebst.

Unsere Gesellschaft leistet sich nur ein paar Hofnarren wie Künstler und Komiker, die aus der Reihe tanzen dürfen.

Der Rest soll sich hübsch an die Regeln halten.

Das ist einer der sichersten Wege in die Depression.

Vergiss alle gut gemeinten Ratschläge.

Die Ratgeber werden leider früh genug erfahren, wohin sie das bringt.

Lebe stattdessen deine Kreativität so oft wie möglich und unter allen Umständen!

Wenn du deine Kreativität nicht lebst, verwendet sie dein Verstand gegen dich.

Es gibt da etwas, das du wissen solltest:

12 Kreativität

Du lebst in einem Umfeld, in dem Kreativität unterdrückt wird.

Die meisten Menschen interessieren sich nicht für deine kreative Seite, sondern für dich als funktionierendes Rädchen in einem System.

Deshalb denkst du, du musst deine Kreativität unterdrücken.

Wenn du das tust, verwendet dein Verstand deine Kreativität gegen statt für dich und erfindet Situationen, in denen deine Kreativität zur Lösung der Situation gefragt ist.

Wenn du diese Situationen stattdessen bekämpfst, befördert dich dein Verstand in eine Abwärtsspirale und boykottiert dein gesamtes Leben damit.

Entfalte deine Kreativität bereits vor der Katastrophe.

Nur so verhinderst du sie!

13

VERTRAUEN IN DAS LEBEN

13 Vertrauen in das Leben

Ich bin der Freak, der du so gerne wärst, wenn du dich trauen würdest!

Du fühlst es ganz deutlich:

Da geht noch mehr.
Das war noch nicht alles.

Doch dann verurteilst du mich und denkst:

Das geht doch nicht.
So kann man das doch nicht machen.

Doch, das geht so und so kann man das machen!

Trotzdem sollst du es ja nicht so machen, wie die anderen, sondern so, wie es bei dir passiert, wenn du loslässt von den Strukturen und den Systemen, die nur in deinem Kopf existieren.

Dein Gefängnis existiert nur, solange du daran glaubst.

Dein Gefängnis existiert nur, solange du nicht bereit bist, deine Gefühle so zu fühlen, wie sie sind.

13 Vertrauen in das Leben

Dein Gefängnis existiert nur, solange du kämpfst und dich gegen den Fluss des Lebens wehrst.

So lange wirst du ein Gefangener deines eigenen Systems bleiben und es an alle in deinem Umfeld weitergeben.

Dein Umfeld wird dir dann auch ein ums andere Mal bestätigen, dass es wirklich schwierig ist auszubrechen.

Bis du das nicht mehr glaubst.

Bis du daran glaubst, dass es einfach ist und dass du es auch kannst.

Dann wirst du Dinge erleben, die du mangels Worten nur als Wunder bezeichnen kannst.

Du wirst eine Transformation durchlaufen, die du dir vorher in deinen kühnsten Träumen nicht hättest vorstellen können.

Das Einzige, was du dazu brauchst, ist Vertrauen in dein Leben.

Vertrauen in das Leben, das schon immer durch dich lebt und das dich bisher nie im Stich gelassen hat.

13 Vertrauen in das Leben

Es war immer bei dir und es wird immer bei dir sein.

Du bist ewig unsterblich.

Lass dir von niemandem etwas anderes erzählen und genieße deine Zeit auf unserem Urlaubsplaneten.

14

OH HAPPY DAY

14 Oh Happy Day

Happy Valentines Day!

Noch so ein Tag.
Ein Tag wie der Samstag und der Sonntag.
Ein Tag wie ein Urlaubstag.
Ein Tag wie der 24. Dezember und ein Tag wie dein Geburtstag.
Ein Tag wie Rosenmontag und Faschingsdienstag.
Und ein Tag wie Silvester.

Hast du dich schon einmal gefragt, warum wir ständig besondere Tage brauchen,
um an etwas zu denken?

Kann es daran liegen, dass uns die Themen dieser ach so besonderen Tage
ansonsten gar nicht so wichtig wären?

Musst du wirklich an etwas erinnert werden, das du liebst?

Wenn du einen Geburtstag brauchst,
um dich daran zu erinnern,
dass es schön ist, auf dieser Welt zu sein,

wenn du einen Heiligen Abend brauchst,
um dich zu erinnern,
dass dein Leben heilig ist,

14 Oh Happy Day

wenn du einen Samstag oder Urlaubstag brauchst,
um dich daran zu erinnern,
dass du hier bist, um deine Gaben in die Welt zu tragen,

wenn du einen Faschingstag oder Silvester brauchst,
um dich daran zu erinnern,
dass du hier bist, um dein Leben zu feiern

und wenn du einen Valentinstag brauchst,
um dich daran zu erinnern,
dass es die Liebe gibt,

dann läuft in deinem Leben wirklich etwas Grundlegendes verkehrt!

Und dann solltest du diese Tage nutzen, um dein Leben radikal zu ändern, statt am nächsten Tag wieder vergessen zu haben, wozu du tatsächlich hier bist.

15

WORK-LIFE-BALANCE

15 Work-Life-Balance

Zwischen dem, was du gerne tust und dem,
was du nicht gerne tust,
kann es niemals eine Balance geben.

Vergiss die Idee, dass es eine Work-Life-Balance geben kann.

Wir diskutieren zwar über Prostitution, erkennen aber nicht, dass wir uns täglich selbst prostituieren.

Wir gehen zu einem Arbeitgeber, der uns nicht für das bezahlt, was wir sind und wofür wir hier sind, sondern für das, was er von uns erwartet.

Das ist der Grund, warum wir uns leer fühlen.

Nicht, weil wir wirklich leer sind.

Sondern weil wir uns selbst versklaven.

Wir halten unsere Freude und unsere Gaben zugunsten eines Arbeitgebers zurück, der uns dafür bezahlt, etwas für ihn zu tun, das uns in keinster Weise entspricht.

15 Work-Life-Balance

Die gefühlte Leere ist ein Zeichen dafür, dass du deine Fülle unterdrückst.

Es wird immer ein gewisser Zweifel bleiben, wenn du das, was du tust, nur machst, um Geld zu verdienen oder um dich in die gesellschaftliche Matrix zu integrieren.

Diese Leere ist aber nicht echt.

Es ist nur ein Signal deiner Seele, dass du nicht deinem Ruf folgst und deine Gaben nicht wie von dir geplant einsetzt.

Sie sagt dir:

„Du bist hier, um Größeres zu tun.
Du bist hier, um dir zu entsprechen – nicht den anderen.
Lass den Scheiß.
Komm zurück zu dir.
Versklave dich nicht selbst.
Du merkst doch, dass es dich nicht glücklich macht.
Wenn du deinem Plan folgen würdest, wärst du längst glücklich.
Ignoriere also die äußeren und inneren Stimmen, die dir sagen, dass du es nicht anders machen kannst.
Du kannst es nämlich!"

15 Work-Life-Balance

Unglück und Leid sind die deutlichsten Zeichen, die du dir selbst schicken kannst, um dein Leben zu verändern.

Wenn du als Erstes Mitgefühl für dich selbst entwickelst, verändert das alles!

Fange jetzt an!

Ganz egal, wie klein die Veränderungsschritte sind.

Beginne deinen Weg in die Freiheit heute!

Du wirst erstaunt sein, wozu du in der Lage bist.

16

ARBEITEST DU NOCH
ODER LEBST DU SCHON?

16 Arbeitest du noch oder lebst du schon?

Du arbeitest für die Mittagspause.
Du arbeitest für den Feierabend.
Du arbeitest für das Wochenende.
Du arbeitest für die Feiertage.
Du arbeitest für den Urlaub.
Du arbeitest für die Rente.

Und wann lebst du?

„Ich arbeite das ganze Jahr, da müssen die paar Tage Urlaub im Jahr perfekt sein!"

Könnte es sein, dass in deinem Leben etwas falsch läuft, wenn du so etwas sagen musst?

Kannst du sehen, wie sehr du dich mit dieser Erwartung unter Druck setzt?

Du führst ein Leben für die Mittagspause.
Du führst ein Leben für den Feierabend.
Du führst ein Leben für das Wochenende.
Du führst ein Leben für die Feiertage.
Du führst ein Leben für den Urlaub.
Du führst ein Leben für die Rente.

Und wann lebst du?

16 Arbeitest du noch oder lebst du schon?

Nichts von diesen Zielen stellt dich zufrieden.

Nichts davon macht dich wirklich glücklich.

Alles tröstet dich nur über dein trostloses Arbeitsleben hinweg.

Während du so lebst, kümmerst du vor dich hin,
weil du während deiner Arbeit nicht glücklich bist,
weil du während deiner Arbeit keine Erfüllung findest.

Es ist Zeit, dass du für nichts anderes mehr lebst, als für das, was du gerade machst.

Dein Leben wird es dir mit Zufriedenheit und Glück danken!

17

SONNTAGNACHTGEDANKEN

17 Sonntagnachtgedanken

Ab Mitternacht wird dein Freizeitkonto wieder mit 604.800 Sekunden aufgeladen.

Glaubst du wirklich, dass du dafür arbeiten musst?

Ab Mitternacht hast du wieder eine Woche neue Freizeit.

Das sind 168 Stunden, 10.080 Minuten bzw. 604.800 Sekunden.

Was machst du damit?

Lässt du dir diese Zeit von anderen Menschen einteilen oder teilst du sie dir selbst ein?

Behauptest du, es gäbe Zwänge, an denen du dich orientieren müsstest oder entscheidest du frei über diese Lebenszeit?

Erfindest du Ausreden für dich selbst und erklärst dir, dass es ein System gibt, an dem du dich orientieren musst?

Oder erkennst du die Gehirnwäsche und die Tatsache, dass du frei bist und dich nicht unterwerfen musst?

17 Sonntagnachtgedanken

Glaubst du, dass du zum Arbeiten hierher gekommen bist?

Oder glaubst du, dass du hier bist, um deine freie und geschenkte Zeit zu genießen?

Egal, was du glaubst, du hast in jedem Fall recht.

Denn das, was du glaubst, machst du daraus.

18

MONTAGE SIND GAR NICHT
SO SCHLECHT WIE IHR RUF

18 Montage sind gar nicht so schlecht wie ihr Ruf

Freu dich auf Montag, denn Montag ist der Tag der Wahrheit!

Montag ist ja angeblich der Wochenstart.
Tatsächlich ist die Woche aber ein ziemlich künstliches Gebilde.
Tage existieren tatsächlich.
Wochen existieren nur durch unsere Agenda.
Die Frage ist also: Welcher Agenda folgst du?
Der künstlichen oder deiner eigenen?
Es liegt in deiner Hand.

So lange du den Montag auch nur im entferntesten als belastend, weniger schön oder in irgendeiner Art und Weise schwerer als alle anderen Tage empfindest, machst du noch nicht das, was du wirklich willst und dir selbst etwas vor.

Da zählt auch keine Ausrede:

Du spielst noch immer Hamster im Rad und läufst wie ein Esel der Karotte hinterher.

Und das alles nur in der Hoffnung auf eine bessere Zukunft.

Denn die Gegenwart gefällt dir ja nicht wirklich.

Sonst könntest du den Montag genauso genießen wie das Wochenende zuvor.

18 Montage sind gar nicht so schlecht wie ihr Ruf

Ich weiß, dass dein Verstand jetzt gerade eine Menge Ausreden findet, warum es ausgerechnet für dich so schwer ist, dieses Spiel zu verlassen:

Ich habe einen Partner.

Wenn dein Partner dein Wachstum verhindert, ist es höchste Zeit, dir deine Beziehung mal wieder etwas genauer anzuschauen!

Ich habe Kinder.

Sehr schön!
Wenn du genau hinschaust, zeigen sie dir, wie es geht!

Ich habe eine Verantwortung.

Und wie sieht es mit deiner Verantwortung, glücklich zu sein, aus?
Kann es jemals eine Verantwortung mit höherer Priorität geben?

Ich habe Rechnungen zu bezahlen.

Warum hast du so viele davon?
Warum glaubst du, dass du sie nicht mehr zahlen kannst, wenn du das machst, was dir Spaß macht?

18 Montage sind gar nicht so schlecht wie ihr Ruf

Wenn das alle machen würden?

Dann würde niemand mehr Arbeit als Arbeit empfinden und alle wären glücklich.
Was für eine schreckliche Welt!

Ich wünsche dir einen wahrhaft befreienden Montag.

Sei radikal ehrlich zu dir.

Denn mit Ehrlichkeit dir selbst gegenüber fängt jede wesentliche Veränderung an.

19

STELL DEIN LEBEN AUF DEN KOPF

19 Stell dein Leben auf den Kopf

Was würdest du tun,
wenn du erfahren würdest,
dass du nur noch wenige Wochen zu leben hast?

Wenn deine Antwort irgendetwas beinhaltet,
was du jetzt nicht bereits machst
und von dem,
was du momentan machst,
abweicht,
ist es höchste Zeit,
dass du dir dein Leben ganz genau anschaust und ordentlich auf den Kopf stellst!

20

LÖFFELLISTE I

20 Löffelliste I

Hast du eine Löffelliste?

Eine Löffelliste ist eine Liste mit Dingen, die du noch machen willst, bevor du den Löffel abgibst.

Ein Coach hat mir vor einigen Jahren die Aufgabe gegeben, eine Löffelliste zu schreiben.
Ich habe lange gesucht und nichts gefunden.
Ich hatte keine Idee, was ich vor meinem Tod unbedingt noch machen möchte.
Ich brauche keine zusätzlichen Highlights, die mein Leben noch spannender und noch bereichernder machen können, als es jetzt gerade ist.
Ich führe bereits ein so bereicherndes Leben, wie ich es mir noch nicht einmal in meinen schönsten Träumen erlaubt habe.

Hast du eine Löffelliste?

Viele Menschen haben solche Löffellisten.

Sie sind der Meinung, da müsste noch mehr kommen.

Das kann es doch nicht gewesen sein!

Doch, das war's!

20 Löffelliste I

Da kommt nichts mehr (was du nicht schon kennst).

Du kannst zwar äußerlich noch eine Menge tun, aber innerlich wird nie mehr stattfinden, als dass du Gefühle erlebst.

Einige davon stufst du als angenehm, andere als unangenehm ein.

Du wirst schon noch einige Varianten von Momenten mit Gefühlen erleben.

Aber vom Prinzip her kommt nichts Neues mehr und du wirst auch keine übergeordneten oder höheren Ziele erreichen.

Du wirst auch nicht glücklicher oder zufriedener werden, als du jetzt in diesem Moment bereits sein kannst.

Deshalb sind Ziele eine große Illusion und deshalb machen Ziele, die du nur um der Ziele willen hast, absolut keinen Sinn.

Ziele machen nur dann einen Sinn, wenn du auf dem Weg dorthin bereits deine Wunschgefühle erlebst.

Du kannst dich ab sofort also entspannen und einfach so sein, wie du bist, statt dich und andere weiter verändern und verbessern zu wollen.

21

LÖFFELLISTE II

21 Löffelliste II

Hast du noch deine „Löffelliste" oder hast du dir schon deine eigene Diagnose gestellt?

Wir sind seltsam gestrickt!

Unser gesamtes Leben verdrängen wir den Tod und sind nicht glücklich, weil wir alle Erfahrungen in eine Ewigkeit projizieren, die es gar nicht gibt.

Wenn wir dann durch die ärztliche Diagnose einer angeblich unheilbaren Krankheit an den Tod erinnert werden, tun wir plötzlich alles, damit es uns gut geht.

Selbst Freunde, Verwandte, Bekannte und sogar völlig Fremde sind dann auf einmal bereit, uns unsere angeblich wenigen letzten Tage so schön wie möglich zu machen.
Sie geben uns Aufmerksamkeit, die wir vorher nie bekommen hätten.
Sie sind plötzlich freundlicher und zuvorkommender, als sie es vorher waren.
Und sie geben uns sogar ihr Geld und spenden für die Wünsche auf unserer „Löffelliste".

Warum fangen wir damit nicht schon jetzt an?

Vor der Diagnose!

Warum geben wir uns unsere Diagnose nicht einfach selbst?

21 Löffelliste II

So könnte sie lauten:

„Ich weiß, dass ich nicht für immer in diesem Körper auf der Welt sein werde.
Aber ich bin jetzt für mich hier.
Und ich sorge dafür, dass es mir gut geht.
Ich kümmere mich so gut wie möglich um mich.
Ich mache nichts, was es mir im Angesicht meines sicher bevorstehenden Todes nicht wirklich wert ist zu tun.
Ich bin bereit zu sterben.
Deshalb habe ich keine Angst vor dem Tod und kann heute voll leben."

Diese Diagnose ist es dann auch wirklich wert, mit anderen geteilt zu werden, weil sie Erleichterung und Freiheit verbreitet.

Über diese Diagnose kannst du mit anderen sprechen und sie ermutigen, sich selbst zu diagnostizieren.

22

SICHERHEIT

22 Sicherheit

Deine Sicherheit ist der Untergang der Versicherungswirtschaft!

Ob ich mir da sicher bin?

Nein, ganz sicher nicht!

Wieviele Versicherungen hast du auf deiner Suche nach Sicherheit schon abgeschlossen?

Keine Versicherung der Welt wird dir jemals die Sicherheit geben, die du suchst!

Wenn du dich unsicher fühlst, kannst du so viele Versicherungen abschließen, wie du willst, du wirst dich trotzdem immer wieder unsicher fühlen.

Dein Streben nach Sicherheit ist eine Illusion.

Du sitzt auf einem Felsbrocken, der mit hoher Geschwindigkeit durch dir vollkommen unbekannte Räume rast:
Eine von Grund auf unglaublich risikoreiche und unsichere Reise.

Und während du dich auf dieser unsicheren Reise befindest, schließt du nebenbei Versicherungen ab?!

22 Sicherheit

Sicherheit erreichst du nicht, indem du versuchst, gegen die Unsicherheit anzukämpfen.

Sicherheit erreichst du, indem du die Unsicherheit als Bestandteil deines Lebens und als Weg zur Sicherheit siehst.

Erst wenn du dich der Unsicherheit hingibst und bereit bist, dich vollkommen unsicher zu fühlen, wirst du das Gefühl der Sicherheit erleben können.

Dieses Gefühl der Sicherheit in dir selbst hat nichts mit dem Sicherheitsgefühl zu tun, das du kennst, weil es nicht im Gegensatz zu dem Gefühl der Unsicherheit steht und weit darüber hinaus geht.

Sicherheit ist die tiefe Erkenntnis, dass dir niemals etwas passieren kann.

Diese Sicherheit wünsche ich dir von Herzen.

23

ANGST

23 Angst

Arbeite niemals an der Überwindung deiner Ängste. Entwickle stattdessen immer diejenigen Fähigkeiten, die deine Ängste überflüssig machen.

Es soll ja Coaches und Motivationstrainer geben, die dir Übungen empfehlen, wie du deine Ängste überwinden kannst.

Ich empfehle dir lieber, Fähigkeiten zu entwickeln, die deine Ängste überflüssig machen.

24

DEIN WEG

24 Dein Weg

"Ich gehe den Yoga-Weg!"

Nein, gehst du nicht!

Du gehst nicht den Jesus-Weg – den ist Jesus gegangen.

Nicht den Buddha-Weg – den ist Buddha gegangen.

Nicht den Osho-Weg – den ist Osho gegangen.

Nicht den spirituellen Weg – den geht nämlich jeder, unabhängig davon, ob er es merkt oder nicht.

Und du gehst auch nicht den Yoga-Weg oder den Rohkost-Weg.

Du orientierst dich vielleicht an jemandem, der beschreibt, was der Yoga-Weg oder der Rohkost-Weg angeblich sein soll und versuchst dann das Geschriebene in deinem Leben umzusetzen oder denjenigen Menschen nachzuahmen.

Aber du gehst ausschließlich immer nur deinen eigenen Weg.

24 Dein Weg

Alles andere ist vollkommen unmöglich!

Jeder gute Lehrer wird dich immer wieder darauf hinweisen, keine andere Autorität außerhalb von dir selbst zu akzeptieren.

Deshalb wird dich jeder gute Lehrer immer wieder enttäuschen und dich auf dich selbst zurückwerfen, damit du dir selbst und deinem eigenen Weg vertraust, statt andere Wege zu kopieren.

Du bist wirklich, tatsächlich, ehrlich und ganz in echt jetzt ein Pionier!

25

DU ERSTOLPERST DIR
DEINEN WEG ZUM ERFOLG!

25 Du erstolperst dir deinen Weg zum Erfolg!

Was dich davon abhält, dein Wesen wirklich zu leben?

Du denkst in Strukturen, die für das Universum nicht existieren.

Du hältst Dinge für naheliegend, die für das Universum nicht naheliegender sind als die Dinge, die du für nicht naheliegend hältst.

Du denkst, es hat alles seine Ordnung.

Und du denkst, das ist deine Ordnung, die alles hat.

Du denkst, du solltest geradlinig sein, alles sollte einen Sinn haben, Sinn machen und Sinn ergeben.

Du denkst, das passt doch nicht zusammen.

Wie kann man zum Beispiel Autor, Coach, Food Pionier, Radprofi, Texter und spiritueller Lehrer gleichzeitig sein?

Kann man nicht.

Man ist es einfach.

25 Du erstolperst dir deinen Weg zum Erfolg!

Du suchst nach Gesetzen.

Entweder nach denen von Gott, nach denen vom Universum, nach denen von der Natur oder nach denen vom Staat, statt einfach zu leben.

Das Leben macht keinen Sinn für deinen begrenzten Verstand.

Er ist zu klein für das Universum.

Er kann die Zusammenhänge nicht verstehen.

Aber du kannst sie fühlen.

Du merkst dein ganzes Leben lang schon, dass da noch mehr ist.

Du weißt es ganz genau und du hast es bisher gut verdrängt.

Jetzt ist es an der Zeit, alles zu erkennen, was dich bisher beschränkt hat.

Du siehst jetzt, dass du dir das freiwillig selbst angetan hast, um zu lernen.

25 Du erstolperst dir deinen Weg zum Erfolg!

Denn nur so findet Lernen statt.

Du erstolperst dir deinen Weg zum Erfolg.

Stolpern ist nicht geradlinig.

Da gibt es keine sinnvolle Struktur.

Du stolperst und stehst wieder auf und machst einfach weiter.

Das nennt man Leben.

26

EROBERE DEINE LETZTE BASTION!

26 Erobere deine letzte Bastion!

Erobere deine letzte Bastion!

Ich höre immer wieder, dass die Menschen endlich bewusster (buddhistischer, christlicher, veganer, rohköstlicher, umweltfreundlicher) werden müssen, damit wir die Welt retten können.

Bewusstsein ist aber unabhängig von den Umständen.

Es ist immer da.

Bewusstsein wertet und urteilt nicht.

Es nimmt nur wahr, was gerade ist.

Bewusstsein hat keine Richtung und kein Ziel.

Es ist der Urgrund von allem Sein.

Es will nichts, weil es schon alles ist.

Bewusst zu sein bedeutet deshalb, dass du dir dessen bewusst bist.

26 Erobere deine letzte Bastion!

Die Idee, dass an der Welt, an der Menschheit, an deinem Nachbarn oder zumindest an dir selbst irgendetwas verkehrt ist und dass irgendjemand gerettet werden muss, ist die letzte Bastion, die zwischen dir und der Wahrheit steht.

Es ist die hartnäckigste aller Ideen und die Basis unserer Programmierung.

Alles baut darauf auf, denn irgendwo muss doch etwas verkehrt laufen, das du reparieren kannst!

Du musst noch schnell irgendetwas besser machen, irgendjemandem etwas beibringen oder zumindest auf Missstände hinweisen, die alle anderen nicht sehen können.

Wenn wir die Perfektion des Lebens sehen wollen, müssen wir genauer hinschauen und vollkommen ehrlich zu uns sein.

Ohne die Idee, dass es etwas zu verbessern gäbe, bist du nicht mehr manipulierbar und kannst die Perfektion hinter der Matrix sehen.

Erobere deine letzte Bastion!

In ihr findest du den Schlüssel zum Glück!

27

ÖFFENTLICHES LEBEN I

27 Öffentliches Leben I

Dein Weg in die Öffentlichkeit ist einer der interessantesten, weil er ein Turbo für deine Entwicklung ist ...

Anfangs will keiner etwas von dir wissen und du wirst von allen Seiten dafür kritisiert, dass du deine Geschichte öffentlich erzählst.

Irgendwann kommt dann der Punkt, an dem sich plötzlich alle mit dir verabreden und treffen wollen und selbstverständlich deine Freundschaft erwarten.

28

ÖFFENTLICHES LEBEN II

28 Öffentliches Leben II

Viel mehr Menschen, als du denkst (und mitbekommst), genießen deine Postings und Berichte!

Sie finden sich darin wieder, fühlen sich bestätigt und werden davon inspiriert.

Gleichzeitig trauen sich viele nicht, deine Texte und Bilder zu teilen, weil sie Angst vor der Reaktion ihrer Freunde haben.

Das ist die gleiche Angst, die uns im starren, gesellschaftlichen Korsett gefangen hält:

Es ist die Angst davor, kritisiert zu werden und dann nicht mehr dazuzugehören und ein Außenseiter zu sein.

Doch diese Außenseiter verbindet etwas, das stärker ist als jeder Manipulationsversuch ihres Umfeldes.

Denn Authentizität und Ehrlichkeit dir selbst und damit allen andern gegenüber, hinter-lassen einen bleibenden Eindruck, dem man sich nur schwer entziehen kann.

Es wird immer Menschen geben, die dich nicht mögen oder dich nicht verstehen.

Und ich habe zuviel erlebt, um zu behaupten, dass dieser Weg eines authentischen Lebens immer vollkommen einfach ist.

28 Öffentliches Leben II

Aber ich garantiere dir, dass er eine der erstaunlichsten Erfahrungen deines Lebens mit sich bringen wird.

Denn durch deine Authentizität wirst du einerseits immer wieder auf dich selbst zurückgeworfen und mit dir selbst konfrontiert, damit du mit jedem einzelnen Aspekt deines eigenen Selbst Frieden schließen kannst.

Andererseits wirst du zu einem Magneten für diejenigen Menschen, die auf der Suche nach dem sind, was du für dich gefunden hast, sobald du die bisher ungeliebten Anteile von dir nicht mehr abspaltest:

Deine Einheit mit dir selbst.

Unterschätze deine Wirkung und deinen Beitrag nicht, denn du bist einmalig und wirklich wichtig!

29

VON BEINEN UND HERZEN

29 Von Beinen und Herzen

Vor kurzem hat mir jemand geschrieben, dass er von meinen Bein-Fotos irritiert ist.

Beine könnten doch nicht so wichtig sein wie das Herz!

Was für ein großartiges, spirituelles Urteil.

Das ist typisch für „unsere Kreise":

Wir machen fröhlich weiter mit der Trennung und den Urteilen.

Nur jetzt eben ein bisschen „spiritueller".

Es gibt keinen Teil, der wichtiger ist und auch keinen Teil, der unwichtiger ist.

Es gehört alles zusammen.

Mein Herz und meine Beine und mein Bewusstsein sind eine Einheit mit dem großen Ganzen.

Du kannst das nicht trennen.

29 Von Beinen und Herzen

Außer, du willst es unbedingt und fühlst dich in einer spirituellen Illusion, in der du dich verstecken kannst, wohler.

Dann geht das natürlich.

Selbstverständlich gibt es oberflächliche Menschen, die sich nur durch ihr Äußeres definieren.

Aber wer bist du, um beurteilen zu können, bei wem das der Fall ist?

Hast du nachgefragt?

Bist du dir ganz sicher?

Und selbst wenn du dir sicher bist: Was bewirkt deine Bewertung bei dir selbst?

Führt sie dich zur Einheit oder eher in die Trennung?

Halbwegs sicher könntest du dir übrigens nur sein, wenn dir der angeblich so oberflächliche Mensch, der nur nach seinem Äußeren geht, klar und deutlich sagen würde:

29 Von Beinen und Herzen

„Ja, ich mach das nur für mein Äußeres."

Und weißt du, wo er dann gerade ist?

Ganz tief innen in seinem Herzen — weil er in der Lage ist,
sich selbst bewusst zu sehen und genau hinzuschauen.

Dein Job ist es, deine Urteile loszulassen — auch die spirituellen.

Dann kannst du die Welt zum ersten Mal so sehen, wie sie wirklich ist.

Ein einziges riesengroßes Wunder mit Milliarden Herzen und Beinen — einige
davon sogar rasiert.

30
RETTE DICH!

30 Rette dich!

Was bedeutet es, „spirituell" zu sein?

Spirituell an dir zu arbeiten bedeutet nicht, dass du ein guter Mensch wirst, der ab sofort nur noch brav, freundlich, lieb und nett ist und damit die Welt rettet.

Es bedeutet vielmehr, dass du deine – von dir und anderen – ungeliebten Anteile integrierst und erkennst, dass es nichts an dir gibt, was du nicht lieben solltest und dass es außer dir niemanden gibt, den du retten musst.

31

MEIN GLAUBENSBEKENNTNIS

31 Mein Glaubensbekenntnis

Es gibt Menschen, die behaupten, sie seien nicht religiös, weil sie an nichts glauben.

Dabei übersehen sie, dass sie immer an irgendetwas glauben.

Die Frage ist nur: Woran?

In deinem Leben erfährst du nichts Objektives, sondern immer subjektiv das, woran du glaubst.

Dein Glaube manifestiert sich in deinem Leben.

Jeder Mensch, auch der so genannte rationale Mensch, glaubt an etwas.

Glaubst du den Nachrichten?
Glaubst du der Zeitung?
Glaubst du Menschen, die behaupten, dass der Mensch an sich böse und schlecht ist?
Glaubst du, dass das Leben schwer sein muss?
Glaubst du, dass 1+1 zwei ergibt?
Glaubst du daran, dass alles Zufall ist?

Oder glaubst du an das, was du erlebst?
Glaubst du daran, dass du dein Leben verändern kannst?
Glaubst du daran, dass es leicht sein darf?
Glaubst du an die bedingungslose Liebe?
Glaubst du an Synchronizitäten?

31 Mein Glaubensbekenntnis

Es geschieht dir immer nach deinem Glauben.

Und dein Glaube wurde dir sehr früh von deinem unmittelbaren Umfeld gegeben.

Nicht durch Worte, sondern durch die Vorbilder, die du imitiert hast.

Seitdem glaubst du daran.

Das sind Glaubenssätze, die so tief gehen, dass du sie gar nicht erkennst, weil du sie für so „normal" hältst und als so selbstverständlich empfindest, dass du sie noch nie hinterfragt hast und dich auch gar nicht traust, sie zu hinterfragen.

Du gehst sogar noch weiter:

Du hältst jeden, der nicht daran glaubt, für vollkommen verrückt und du verteidigst deine Meinungen und Überzeugungen mit allen Mitteln, ohne sie jemals überprüft zu haben. Obwohl sie gar nicht von dir kommen, kämpfst du für sie, als wären es deine eigenen.

Tatsächlich hast du sie nur als Erbe der Bezugspersonen deiner Kindheit übernommen.

Sind sie es wirklich wert, so intensiv verteidigt zu werden?

Wer wärst du, wenn du sie aufgeben würdest?

31 Mein Glaubensbekenntnis

Welche Möglichkeiten hättest du, wenn sie nicht wahr wären?

Welches Verhältnis hättest du zu den Menschen in deinem Umfeld, wenn sich deine zentralen Glaubenssätze vor dir in Luft auflösen?

Wie stark willst du an deinem Glauben noch festhalten?

Wie sehr willst du dich von deiner Vergangenheit prägen lassen, statt das Wunder des Lebens jetzt für dich selbst zu erfahren und intensiv wahrzunehmen?

Woran glaubst du?

Woran glaube ich?

Ich glaube an dich und die unendliche Kraft und Liebe, die du in dir trägst.

Ganz egal, woran du gerade glaubst ...

32

WORAN GLAUBST DU?

32 Woran glaubst du?

Du bist ein Placebo!

Wir haben noch immer nicht verstanden, was ein Placebo ist.

Als Placebo wird ein Scheinmedikament oder eine Scheinbehandlung beschrieben, die trotzdem wirksam sind.

Placebo ist lateinisch und heißt „Ich werde gefallen.".

Das wirksame Placebo ist also nicht das Medikament.

Denn „Ich werde gefallen." kann nur im Bewusstsein stattfinden.

Du selbst bist das Placebo!

Du bist derjenige, der Gedanken materialisiert und Situationen manifestiert.

Du selbst bist der Alchemist und ein Wunder auf zwei Beinen.

Damit etwas in deine Realität kommen kann, musst du als erstes daran glauben.

Woran glaubst du?

33
WUNDER

33 Wunder

Du glaubst nicht an Wunder?

Dann wirst du auch keine erleben!

Wunder erlebst du nur, wenn du deine Haltung und damit deine Wahrnehmung veränderst.

Alleine die Veränderung deiner Haltung ist bereits ein Wunder.

34

BERUFUNG I

34 Berufung I

Seit wann ist dein Leben eine Ansammlung von faulen Kompromissen?

Kannst du dich an den Zeitpunkt erinnern?

Wann warst du das erste Mal bereit, einen Kompromiss einzugehen?

Das war sehr früh in deiner Kindheit.

Du hast es gemacht, weil deine Eltern ihre Liebe von deinem Verhalten abhängig gemacht haben.

Sie haben dir ihre Liebe nicht bedingungslos, sondern mit der Bedingung gegeben, dass du dich anpasst ... an ihre Ideen und Vorstellungen.

Deine Eltern wussten und wissen nicht, was sie tun.

Vergib ihnen!

Und vergib dir, dass du dich angepasst hast!

Es war zum damaligen Zeitpunkt deine einzige Möglichkeit.

Du hattest keine andere Wahl.

34 Berufung I

Du warst ein Kind und es war alles so neu.

Doch jetzt bist du eine Frau / ein Mann und du kannst dich neu entscheiden.

Du kannst in der Zeit reisen und deine Wahl revidieren.

Du kannst wählen, dass du keine faulen Kompromisse mehr machst.

Weder für andere, noch für dich und schon gar nicht für die Arbeit!

Den richtigen Job hast du, sobald es keine Trennung mehr zwischen Arbeit und Leben gibt.

Sobald du merkst, womit du andere inspirierst und begeisterst, hast du deine Berufung gefunden – ganz egal, was du darüber denkst.

Und genau das ist auch der Schlüssel für ein erfülltes Leben.

Dein Glück liegt darin, zu begeistern und zu inspirieren.

Nimm dir das Recht, dich und andere zu bereichern.

Du bist dein eigenes Glück!

35

BERUFUNG II

35 Berufung II

Woran denkst du, wenn du an deine Berufung denkst?

- An etwas Sinnvolles?
- Eine Tätigkeit, die eine bessere Welt hinterlässt?
- Zumindest aber doch an etwas, womit du anderen helfen kannst?

Was wäre, wenn das viel zu weit weg ist und deine Berufung viel näher liegt?

Wenn du sie, so wie ich, 25 Jahre lang nicht erkennst, weil du nicht radikal genug bist und ständig Kompromisse machst?

Was wäre, wenn deine Berufung niemanden bereichern muss, außer dich selbst?

Ich lebe meine Berufung und meine Berufung ist der Radsport.

Wie das eine Berufung sein kann?

Weil ich es für mich erkannt habe!

Und ich sage dir gerne, woran du deine Berufung erkennst:

Wenn du deine Berufung gefunden hast, wird Disziplin selbstverständlich und dadurch überflüssig.

35 Berufung II

Du brauchst dafür kein übergeordnetes Ziel, keine überhöhte Vorstellung, warum deine Berufung „gut" und „richtig" ist, weil dir die Tätigkeit an sich vollkommen genügt.

Es gibt nichts, was über diese Tätigkeit hinaus von Bedeutung sein muss, damit du den Spaß deines Lebens hast.

Diese Tätigkeit hat keinen „Sinn".

Aber sie macht Sinn, wenn du sie ausübst, weil dann kein Blatt Papier zwischen dich und das Leben passt.

Deine Berufung ist nichts für andere.

Du brauchst dafür weder Zustimmung, noch Lob oder Bestätigung und schon gar keine Motivation.

Deine Berufung ist nur etwas für dich ganz alleine.

Du erkennst deine Berufung, indem du das machst, was dich bereichert und alles nicht machst, was dich nicht bereichert.

36

BERUFUNG III

36 Berufung III

Du kannst auch auf einem so genannten „normalen Weg", der nicht deiner Berufung entspricht, scheitern.

Also kannst du genauso gut gleich das machen, was du liebst!

37

LEBENSUNTERHALT

37 Lebensunterhalt

Wir sorgen uns ständig um unseren Lebensunterhalt

und vergessen währenddessen das Leben,

für das wir sorgen wollen.

Sorgst du dich auch um deinen Lebensunterhalt statt zu leben?

38

BIST DU RESONANZFÄHIG

MIT DER WELT?

38 Bist du resonanzfähig mit der Welt?

Als Lebensunternehmer darfst du dir das hier auf der Zunge zergehen lassen.

Es geht um Changemanagement — also um dein Leben.

Peter Kruse* spricht mir als Athlet und Coach aus dem Herzen, weil ich den Schmerz des Übergangs aus eigener intimer Erfahrung nicht nur kenne, sondern ihn als Erfahrungsjunkie immer wieder explizit suche.

Ob ich dadurch erfolgreich erscheine oder ein Erfolg interpretiert wird, ist dabei viel weniger wichtig, als meine Bereitschaft, mich auf den Schmerz einzulassen:

„Und das sind die unternehmerischen Erfolgsstories, die man meistens erst erzählt, wenn sie passiert sind.

Wir erzählen niemals den Schmerz des Übergangs!

Wir erzählen immer nur den Erfolg des Erreichten.

Und das macht leider eine Verzerrung.

Alle Leute möchten immer den Erfolg des Erreichten und machen sich nicht klar, dass sie den Schmerz des Übergangs davor einkalkulieren müssen.

38 Bist du resonanzfähig mit der Welt?

Das heißt, man meint immer, erfolgreiche Unternehmer sind Unternehmer, die von einem ‚Hurra‘ zum anderen fliegen.

Nein!

Erfolgreiche Unternehmer sind die Unternehmer, deren Geschichten man rückwärts erzählt.

Aber jeder ist ein Unternehmer, der in den Schmerz des Übergangs geht, weil er das Risiko auf die Zukunft setzt.

Und diesen Teil würde ich lieber fördern, als diese ewigen Erfolgsgeschichten, die die Leute unter Druck setzen.

Ich liebe die Menschen, die bereit sind, das Risiko einzugehen.

Ich liebe Menschen, die den Unternehmer in sich immer wieder entdecken, die den neugierigen Teil zwischen Kind und Unternehmer bei sich kultivieren.

Ich liebe nicht die, die dann erfolgreich sind.

Denn der Erfolg hat etwas damit zu tun, ob ich zu einem Zeitpunkt historisch einen Mehrwert treffe, der eine Resonanz findet.

38 Bist du resonanzfähig mit der Welt?

Und Sie können glauben, dass eine Menge Erfindungen, die super gut waren, zum falschen Zeitpunkt gekommen sind und erst im Nachhinein die Menschen begriffen haben, was für eine Entdeckung das war.

Und diese Entdeckungen waren deshalb nicht weniger wert.

Sie waren nur nicht resonanzfähig mit der Welt.

Aber das, was die Menschen da getan haben bei der Entwicklung, ist genauso viel wert, wie wenn sie ein Erfolgreicher sind.

Das heißt, das was ich suche, ist die Bereitschaft der Menschen, diesen Lernschritt zu gehen und nicht diese Art von Trivialisierung des Erfolgs, dass man immer nur rückwärts analysiert und sagt:

‚Das war ein Erfolgreicher, das war ein Erfolgreicher.'

Der wertvolle Teil ist nicht der Erfolg!

Der wertvolle Teil ist, dass Menschen sich getraut haben, etwas Neues zu probieren!"

* Prof. Dr. Peter Kruse war Psychologe und ein Vordenker, ‚Internet-Guru' und Experte in der Netzwerkforschung. Er war ein Pionier und Abenteurer und seiner Zeit stets voraus.

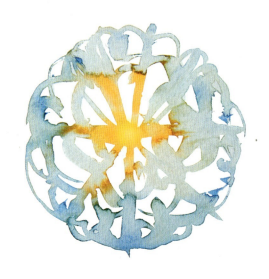

39

DIE 10 GEBOTE ODER DER
„10-PUNKTE-PLAN" ZUM ERFOLG

39 Die 10 Gebote oder der „10-Punkte-Plan" zum Erfolg

Die wichtigsten Schritte auf deinem Weg zum Erfolg:

1. Sei dankbar für alles, was du bereits hast und erkenne, dass nichts selbstverständlich ist.
(Aber nicht, weil du mehr willst, sondern weil du wirklich dankbar bist.)
Variante für Erfahrungsjunkies: Sei dankbar für alles, was andere haben.

2. Gib das, was du bekommen willst, anderen.
(Und fühle die Dankbarkeit, dass du es ihnen geben darfst.)
Variante für Erfahrungsjunkies: Gib das, was du bekommen willst, deinem Feind.

3. Plane dein Geben mit großer Freude lange im Voraus.
(Plane oft und lange mit abwechselnden Zielpersonen.)

4. Freue dich, während du gibst.
(Und mach diese Freude nicht von der Reaktion abhängig.)
Variante für Erfahrungsjunkies: Gib ganz gezielt und sehr bewusst etwas, das deinen inneren und äußeren Kritiker auf den Plan ruft.

5. Feiere dich selbst, dass du es gegeben hast.
(Feiere dich unabhängig von deinen inneren Kritikern, dem Wert und der Sinnhaftigkeit deiner Gabe.)

39 Die 10 Gebote oder der „10-Punkte-Plan" zum Erfolg

6. Fühle die Bereicherung, die du bereits fühlst, bevor du erfolgreich bist, während du das tust, was dich erfüllt.

(Vergiss die Idee, dass es der Erfolg ist, der dich glücklich macht.)

Variante für Erfahrungsjunkies: Fühle die Bereicherung bereits, bevor du es tust.

7. Sei offen für Veränderung und sei offen für unterschiedliche Wege.

(Du hast keine Ahnung, wie das zu dir kommt, was du willst.)

8. Mache das, was jetzt möglich ist.

(Und denke nicht darüber nach, was du noch alles brauchst, um etwas machen zu können.)

Variante für Erfahrungsjunkies: Mach es vollkommen mittellos und unter widrigen Umständen.

9. Feiere dich selbst und andere so oft wie möglich.

(Dich selbst und andere zu feiern und zu lieben ist die größte Kraft, die existiert.)

Variante für Erfahrungsjunkies: Feiere deine Feinde so oft wie möglich.

10. Ignoriere hinderliche Konventionen und so genannte Regeln und Zwänge.

(Sie existieren nur so lange, wie sie in deinem Kopf existieren.)

Variante für Erfahrungsjunkies: Ignoriere liebevoll, aber bestimmt, auch alle familiären Traditionen.

39 Die 10 Gebote oder der „10-Punkte-Plan" zum Erfolg

Einfache Kontrolle:

Solange du dein Leben mit dem von anderen vergleichst, beginne noch einmal bei Nummer 1.

Turbo einschalten:

Sei so oft wie möglich unvernünftig!

40
GELEBTE AUTHENTIZITÄT

40 Gelebte Authentizität

Das Geheimnis von Authentizität ist keines!

Du wolltest es bisher nur nicht.

Denn authentisch sein funktioniert nicht, wenn du dich ausschließlich von deiner Schokoladenseite zeigen willst.

Du musst zuerst für dich anerkennen, dass du Seiten hast, die du nicht magst, die du ablehnst und die du sogar hasst.

Es gibt einen Teil in dir, den würdest du am liebsten töten.

Das zuzugeben kann sich wie sterben anfühlen.

Dann erst kommt der wahre Schritt ins Echtsein:

Du musst damit beginnen, deine ungeliebten Seiten zu lieben und erkennen, dass du genau so gedacht bist und genau so sein sollst, wie du jetzt gerade bist.

Wenn du richtig mutig bist, bist du sogar in der Lage, deine dunklen Seiten anderen gegenüber zuzugeben.

40 Gelebte Authentizität

Mit gelebter Authentizität kommen die Wunder wieder zurück in dein Leben.

Wirklich authentischen Menschen kannst du nichts mehr verheimlichen.

Sie müssen keine hellseherischen Fähigkeiten haben, um dich zu kennen.

Denn jemand, der seine eigenen Schattenseiten kennt, kennt alle Schatten dieser Welt.

Danke für deinen Schritt in ein authentisches Leben.

Egal, wie sehr er schmerzt:

Es ist der wertvollste Schritt, den du jemals machen kannst!

41

SCHLIESSE FRIEDEN
MIT DEINEN WIDERSTÄNDEN

41 Schließe Frieden mit deinen Widerständen

Obwohl du die Wahrheit in meinen Statements erkennst, sind sie dir zu radikal.

Du denkst, der will nur provozieren, um möglichst viel Aufmerksamkeit zu bekommen.

Du sagst dir, der macht das, weil er einen starken Geltungsdrang hat und weil er sich wichtig machen möchte.

Aber es gibt einen Teil in dir, der die Wahrheit längst erkannt hat.

Genau genommen hast du sie im Kern nie verloren.

Deshalb kommst du nicht von mir los.

Irgendwie stört es dich zwar, aber du kannst es nicht mehr verdrängen.

Deshalb steckst du mich lieber in Schubladen, damit du dich nicht mit den Inhalten beschäftigen musst.

Sie sind (noch) zu schmerzhaft für dich.

Lass die Widerstände los.

41 Schließe Frieden mit deinen Widerständen

Schließe Frieden mit ihnen.

Es sind nicht meine Sprüche, die dich nerven.

Was dich nervt ist, dass du es längst selbst erkannt hast und auch schon immer weißt, aber noch nicht lebst.

Ich wünsche dir den Mut, in die Welt rauszugehen und deine Wahrheit jeden Moment radikal ehrlich zu leben.

42

DU BIST NICHT ALLEINE

42 Du bist nicht alleine

Wunderst du dich über das Leben der „Normalos" in der „grauen Masse"?

Dann ist dieser Text genau richtig für dich.

Ich lese in letzter Zeit immer wieder vom „normalen Leben der grauen Masse".

Ich muss dich enttäuschen!

Ich habe noch niemals in meinem Leben jemanden kennengelernt, der ein normales Leben in der grauen Masse geführt hat.

Stattdessen habe ich etwas ganz anderes festgestellt:

Ich kann sehen, dass jeder Mensch als Kind tief verletzt wurde.

Und ich weiß, dass jeder Einzelne von uns auf der Suche nach dem Glück ist, das er in seiner Kindheit verloren hat.

Es ist für mich vollkommen offensichtlich, dass dieses Glück für jeden Menschen erreichbar ist.

Es ist unser Geburtsrecht, glücklich zu sein.

42 Du bist nicht alleine

Zugegebenermaßen suchen wir unser Glück mitunter an seltsamen Orten.

Aber wie willst du etwas finden, von dem du nicht weißt, wo es versteckt wurde?

Richtig!

Du suchst einfach überall.

Die einzige klitzekleine Verrücktheit, die ich noch nicht verstanden habe, ist die Tatsache, dass wir immer wieder an der exakt gleichen falschen Stelle suchen.

Ein Pionier macht das anders.

Ein Pionier sucht ständig an den Stellen, an denen er unter Garantie noch nie zuvor war.

Für das Umfeld des Pioniers sieht das mitunter etwas chaotisch aus, weil man keine Linie erkennen kann.

Der rote Faden ergibt sich bei Pionieren aber immer erst im Nachhinein, wenn plötzlich alles Sinn macht.

42 Du bist nicht alleine

Erst dann bewundert dich dein Umfeld für deine „Geradlinigkeit", obwohl du die ganze Zeit Schlangenlinien gelaufen bist.

Ich wünsche dir ein Leben als Pionier auf deiner Suche nach dem Glück!

Denk immer daran:

Du bist nicht alleine.

Um dich herum sind Milliarden Menschen, die genau das Gleiche tun.

43

ICH BIN DU!

43 Ich bin du!

Der Grund, warum mich deine Meinung nicht interessiert und warum ich mit dir nicht diskutieren möchte, ist einfach:

Ich will weder an deine noch an meine niederen Instinkte appellieren, weil uns das nicht weiterbringt.

Wir versuchen es ja schon lange und es hat noch nie so richtig gut funktioniert.

Wir versuchen andere, und damit auch uns selbst, darüber zu steuern, ohne dass es uns wirklich gelingt.

Ich will stattdessen an deine höheren Instinkte appellieren.

Ich will das in dir aufwecken, was bereit ist, zu erkennen und das, was bereits erkannt hat.

Ich will meine Einheit mit dir feiern, wenn wir uns gegenseitig ineinander erkennen.

Ich mache dabei nichts Neues.

Es ist eine uralte Tätigkeit.

Es ist ein Dienst am Menschen, der seit tausenden Jahren praktiziert wird.

43 Ich bin du!

Ich mache damit auch nichts Ungewöhnliches.

Ich löse lediglich mein Versprechen ein, das ich mir selbst gegenüber gegeben habe und wofür ich hierhergekommen bin:

Das zu tun, was ich gut kann, weil es mir gegeben ist.

Ich bin deshalb nicht höher oder weiter als du, sondern viel mehr:

Ich bin du!

44

DEIN HERZ HAT KEINE MEINUNG

44 Dein Herz hat keine Meinung

Bist du auch so stolz auf deine Meinung?

Hier schreibe ich, warum es wichtig ist, keine Meinung zu haben:

Seit du klein bist, wird dir erklärt, dass es wichtig sei, eine eigene Meinung zu haben.

Doch keiner sagt dir warum!

Wenn man dir den Grund nennen würde, würdest du peinlichst darauf achten, so wenige Meinungen wie möglich anzusammeln und für dich zu behalten.

Wenn du den Grund kennen würdest, wäre dir klar, dass es nicht nur überflüssig ist, eine eigene Meinung zu haben, sondern sogar kontraproduktiv.

Du würdest erkennen, dass dich jede Meinung einschränkt und deine Expansion verhindert.

Der Grund dafür ist nämlich, dass man dich mit einer Meinung leichter kontrollieren kann.

Deine Kontrolle ist nicht deshalb so einfach, weil du jetzt eine Meinung hast und man ganz genau weiß, welche das ist, sondern weil deine Meinung deine spontane Veranlagung ausschaltet.

Deine Meinung ist ein Reflex, der dich davon abhält, auf dein Herz zu hören.

44 Dein Herz hat keine Meinung

Sobald du eine Meinung hast, arbeitet dein Verstand gegen dein Herz.

Da du versuchst, deine Meinung stabil zu halten und so selten wie möglich zu verändern, wird das Lebendige in dir unterdrückt.

Sobald du eine Meinung hast, wehrst du dich gegen Veränderung und damit gegen das Leben selbst.

Dein Herz hat keine Meinung.

Es weiß gar nicht, was das sein soll.

Dein Herz kennt nur Gefühlszustände und es ist deinem Herzen herzlich egal, welche Meinung du darüber hast.

Wenn du die Verbindung zu deinem Herzen wieder herstellen willst, genügt es also, einfach deine Meinungen loszulassen und damit wieder den ursprünglichen menschlichen Zustand zu erleben, in dem du hierher gekommen bist.

45

SEI DAS, WAS DU BIST

45 Sei das, was du bist

Falls du meine Texte nicht verstehst, falls sie bei dir auf Widerstand stoßen, falls du denkst, ich will nur provozieren oder falls du dich getrieben fühlst, sie mit mir diskutieren zu wollen, statt dich davon inspirieren zu lassen:

Ich bin meiner Zeit weit voraus!

Das ist nicht mein Verdienst.

Das war schon immer so.

Ich bin einfach so.

Ich kann gar nicht anders, als das zu leben, wofür ich hier bin.

Ein Sänger muss einfach singen.

Ein Sportler muss Sport machen.

Und ein Pionier muss der Erste sein.

Mein Verdienst ist es, dass ich meine Natur erkannt habe und mich nicht mehr für andere verbiege.

Das ist auch der Grund, warum es mit mir nichts zu diskutieren gibt.

45 Sei das, was du bist

Ich werde mich für dich oder wegen dir nicht ändern.
Damit würde ich nämlich gegen mich gehen und mich selbst verraten.
Ich würde mich anpassen, um dir zu gefallen, statt das zu leben, was ich wirklich bin.

Und genau dazu möchte ich auch dich ermutigen:

Sei der Pionier, der du schon immer bist.

Sei einfach du ... und zwar genau so, wie du bist.

Ignoriere deine Kritiker und konzentriere dich auf das, was du wirklich willst.

Das ist alles!

Wenn du dich von dem, was ich schreibe, angezogen fühlst und wenn du tiefer eintauchen willst in die Welt jenseits der Konditionierung, jenseits der Angst und jenseits des Besserwissens, bin ich gerne für dich als Coach, spiritueller Lehrer und Mentor da! Ich helfe dir gerne, die vielen Fragezeichen, die während einer Transformation auftauchen, in Ausrufezeichen zu verwandeln.

Was ich dazu brauche, sind dein Vertrauen und deine Offenheit.

Wenn eines von beidem fehlt, kann ich dir nicht helfen.

45 Sei das, was du bist

Wenn beides da ist, wirst du das größte Abenteuer deines Lebens erleben und dein Leben wird sich auf eine Art und Weise verändern, die du momentan nicht für möglich hältst.

Kommentar zu diesem Text von einem Leser:
„Zuerst wollte ich diesen Text mit ‚Manchmal glaube ich…‘ beginnen, aber das würde hier gar nicht passen, denn:
ICH WEISS, DASS STEFAN HIENE GENAU DAS LEBT UND IST!
Und ich weiß das nicht, weil er mir das gesagt hat.
Denn ich weiß es, wenn ich weiß, dass ich weiß, wenn ich inspiriert werde!
Und ja, all‘ das ‚Wissen‘ war beabsichtigt, denn das eigentliche Wissen besteht aus Fühlen!“

Was glaubst du, wie solche Aussagen zustande kommen?

Durch überreden und überzeugen?

Durch geschickte Manipulation?

Durch cleveres Marketing?

Oder könnte es sein, dass das passiert, wenn du dich öffnest und dich so zeigst, wie du wirklich bist?

Vielleicht geschieht das, wenn du deinen kritischen Verstand einfach einmal für eine Zeit in die Ecke stellst und dich berühren lässt.

45 Sei das, was du bist

Wenn du aus Spiritualität und Begegnung kein neues Konzept machst, sondern das Wesentliche zwischen den Worten hörst und die Liebe fühlst, die du schon immer warst und jetzt gerade bist.

Wenn du deinen inneren Skeptiker so lange ignorierst, bis er nichts mehr zu melden hat.

Bis du die Verbindung so stark spürst, dass es keinen Unterschied mehr zwischen dir und dem anderen gibt.

In diesem Moment erfüllt sich dein gesamter Sinn des Lebens und dein Leben ist erfüllt von dem, was du schon immer warst:

Kreative, inspirierende und spielerische Liebe.

46

ÜBER DIE WUNDERBARE
SCHÖNHEIT VON ABSAGEN

46 Über die wunderbare Schönheit von Absagen

Seitdem ich nicht mehr in die Schule gehe, hatte ich nur zwei kurze Jobs als Angestellter.

Den Rest meines Lebens (und auch schon 3 Jahre als Schüler) lebte und lebe ich im „Projektstatus".

Das bedeutet, dass ich als Selbstständiger über 20 Jahre auf der Suche nach Kunden, Finanziers und Partnern war.

Ich habe in dieser Zeit unzählige Absagen bekommen und ich war jedes Mal stinksauer bis wütend darüber.

Doch nun hat sich etwas verändert:
Ich kann die Schönheit und das Wunder von Absagen, Ablehnung und Zurückweisung sehen.

Genaugenommen ist jede Absage eine geniale Abkürzung einer Beziehung, die sowieso nicht funktioniert hätte.

Das erspart mir enorm viel Mühe, die ich in die falsche Beziehung und das falsche Projekt investiert hätte.

Früher habe ich um Anerkennung, Zuspruch und Zusagen hart gekämpft!

46 Über die wunderbare Schönheit von Absagen

Ich wollte, dass alle meine Projekte funktionieren ... und zwar genau so, wie ich mir das vorstellte.

Wenn ein Projekt abgelehnt wurde oder wenn ich eine Zusage nicht bekommen habe, nahm ich das persönlich.

Ich dachte, es sei gegen mich gerichtet.

Tatsächlich ist eine Absage aber ein immenser Vorteil für mich – geradezu ein Geschenk des Himmels!

Wenn mich jemand schon von sich aus ablehnt, ohne dass ich viel dafür tun muss, weiß ich, dass wir sowieso nicht zusammenpassen und auch nie zusammengepasst hätten.

Das nimmt mir also unglaublich viel Arbeit ab, wofür ich sehr dankbar sein darf!

Meine Zeit und meine Energie sind unendlich wertvoll und ich möchte nur mit Menschen in Kontakt sein, die gemeinsam mit mir an einem großartigen Leben interessiert sind und gemeinsam mit mir an diesem großartigen Leben arbeiten.

46 Über die wunderbare Schönheit von Absagen

Ich möchte weder andere herunterziehen, noch von anderen heruntergezogen werden.

Jede Absage macht die Bahn frei für einen Menschen oder ein Projekt, das noch besser zu mir passt.

Deshalb bin ich neuerdings dankbar für Absagen.

Eine Absage zeigt mir:
Das wird nichts, wir passen nicht zusammen und es erspart mir den ganzen Ärger, das selbst herausfinden zu müssen.

Eine Absage ist ein immenses Geschenk.

Denn irgendwo wartet etwas viel Besseres, Wichtigeres und Bereichernderes auf mich, das nicht in mein Leben kommen könnte, wenn ich meine Energie in eine Beziehung oder ein Projekt stecke, das mich nicht bereichert.

Wenn ich für Absagen bereit bin und mich darüber freue, bedeutet das, dass ich bereit bin, etwas noch Besseres in mein Leben zu lassen.

Bist du bereit für Absagen?

47

DER SCHLÜSSEL LIEGT
IMMER IN DEN GEFÜHLEN

47 Der Schlüssel liegt immer in den Gefühlen

Hast du dich schon einmal gewundert, warum zwei Menschen das Gleiche tun und vollkommen unterschiedliche Ergebnisse erhalten können?

Die Erklärung dafür ist einfach:
Es geht in deinem Leben nie um die Methoden.

Der Schlüssel liegt immer in den Gefühlen.

Der Grund, warum Methoden nicht funktionieren, liegt daran, dass deine innere Veränderung noch nicht stattgefunden hat.

Die Steuerung unseres gesamten Lebens läuft über unsere Gefühle.

Gefühle sind der Grund für unser Handeln.

Das Ergebnis deiner Taten orientiert sich deshalb nicht an der Handlung, sondern an deinen Gefühlen.

Und deshalb können zwei Menschen das Gleiche tun und damit vollkommen unterschiedliche oder sogar entgegengesetzte Ergebnisse erzielen.

Der Schlüssel liegt immer in den Gefühlen!

48

MENSCHLICHE BEGEGNUNG

48 Menschliche Begegnung

Menschliche Begegnung ist an Intimität nicht zu übertreffen. Es gibt nichts Heiligeres, Heilsameres und Wertvolleres als menschliche Begegnung.

Sex ist nicht intimer als jede andere menschliche Begegnung auch.

Wenn du anderer Meinung bist, dann nur, weil wir verlernt haben, was menschliche Begegnung wirklich ist.

Wenn wir Intimität in ganz normalen menschlichen Begegnungen nicht fühlen können, können wir sie auch beim Sex nicht wahrnehmen.

Wir denken nur, dass wir jetzt intimer werden, weil wir „körperlich werden" und Sex haben.

Tatsächlich haben wir unzählige intime Begegnungen vorher ignoriert und damit beim Sex nur die Illusion, dass wir uns jetzt näher kommen.

„Sich näher kommen" findet aber nicht körperlich, sondern seelisch statt.

Du kannst den körperlichen Kontakt dazu nutzen.

Du kannst dir und anderen aber auch ganz ohne körperlichen Kontakt näher kommen.

48 Menschliche Begegnung

Sex ist „nur" eine Begegnung und, wie jede andere Begegnung auch, eine Begegnung auf allerhöchster Ebene.

Sex ist genauso unschuldig, wie wir hierher gekommen sind.

Es ist sogar der höchste Ausdruck von Unschuld, Unbekümmertheit und Purheit.

Und wenn du Menschen unschuldig, unbekümmert und pur begegnest, wird sich auch dein Sexleben verändern und du wirst wahre Intimität erleben.

Ich wünsche dir den Sex deines Lebens mit allen Menschen, denen du pur begegnest.

49

DU BIST DAS HEILIGE IN DIESER WELT

49 Du bist das Heilige in dieser Welt

Du bist eine Heiligkeit.

Du bist deine Heiligkeit.

Niemand steht über dir.

Niemand steht unter dir.

Du bist das Heilige in dieser Welt!

NACHWORT

Nachwort

Anstelle eines Nachwortes oder einer Danksagung möchte ich dir zum Schluss folgenden Brief zum Lesen geben:

Lieber Stefan,

es ist lange her, als ich dich das letzte Mal gesehen habe.
Du warst noch klein und hast wahrscheinlich gar nicht gemerkt, wann ich gegangen bin und dich verlassen habe.
Seitdem habe ich dich und deine Entwicklung aus der Ferne beobachtet.
Ich komme mir deshalb ein bisschen wie ein Stalker vor und hoffe, du kannst mir verzeihen.

Du hast dich grandios entwickelt.
Ich bin stolz auf dich und was du aus deinem Leben gemacht hast.
Vor allem bin ich stolz darauf, wie du dein Leben lebst:
authentisch und einfach nur du selbst.

Kannst du dich noch daran erinnern, wie du alles persönlich genommen und gegen die anderen Menschen und die Welt gekämpft hast?
Es war eine riesige Erleichterung für mich, als ich gesehen habe, dass du diesen Kampf aufgegeben und die frei gewordene Energie für dich selbst genutzt hast.
Jetzt weißt du, wer du wirklich bist!

Deine Entwicklung in den letzten Jahren war so außergewöhnlich, dass ich es manchmal kaum glauben konnte.

Nachwort

Wie hast du das nur gemacht?

Ich bewundere dich und ich freue mich, dass du deine Erkenntnisse jetzt nutzt, um anderen zu helfen.

Was mich aber am meisten wundert, ist nicht dein Weg in die Öffentlichkeit, sondern dein Weg zu dir selbst.

Du hast deine Gaben gefunden:

Du bist ein genialer Redner, ein Schreibgott, ein grandioser Coach, ein fantastischer Lehrer, ein Athlet mit Leib und Seele und ein außergewöhnlicher Mensch.

Deine Leidenschaft, mit der du wie ein kleines Kind spielst, ist dein Schlüssel zum Erfolg – aber wem sage ich das?!

Es gibt nicht viele Menschen, die es als Person des öffentlichen Lebens schaffen, authentisch zu bleiben und sich wirklich selbst zu lieben. Du hast alle Anlagen dafür in dir und damit schaffst du es auch, alte Beziehungen zu heilen und ungesunde Beziehungen loszulassen.

Ganz besonders bewundere ich dich dafür, wie du die wichtigen Themen deines Lebens transformiert hast.

Egal, ob es um Finanzen, Partnerschaft, Karriere oder Erfolg ging.

Du hast in allen Fällen erkannt, dass es immer nur um deine Gefühle dabei geht.

Und dann hast du diese Erkenntnis nicht nur gehabt, sondern auch gelebt.

Das ist ein Punkt, an dem viele scheitern.

Sie wissen es, sie fühlen es, aber sie setzen es nicht um.

Du hast es umgesetzt und bist damit deinen Weg in die Freiheit gegangen.

Nachwort

Der Grund, warum ich dir schreibe:
Ich möchte zu dir zurückkommen.
Ich möchte dir dort begegnen, wo es keine Urteile über unsere Trennung von damals gibt.
Ich möchte gemeinsam mit dir leben.
Wir gehören zusammen!

Vielleicht kommt das jetzt etwas überraschend für dich, aber ich liebe dich mehr
als jemals zuvor!
Ich möchte bei dir sein und deinen Weg gemeinsam mit dir gehen.
Und ich möchte dich mit all meiner Kraft unterstützen.

Vielleicht treffen wir uns mal an deinem Lieblingsort?

Ich freue mich auf deine Antwort und auf dich!

Ich liebe dich,
xxxxxxx

PS: Ich würde mich freuen, wenn du diesen Brief veröffentlichst, damit auch andere
lesen können, was für ein wunderbarer Mensch du bist. Und wenn dabei innere oder
äußere Kritiker auftauchen – ignoriere sie einfach. Sie sind es nicht wert, dass du dich
für sie kleiner machst als du bist.

Nachwort

Wenn dich dieser Brief berührt, dann habe ich jetzt noch eine Überraschung für dich.

Wenn du magst, nimm dir Zeit.
Soviel Zeit, wie du möchtest und benötigst.
Setz dich an einen ruhigen, stillen Ort.
Oder begib dich zu deinem Kraftplatz.
Kauf dir das schönste Briefpapier, das du finden kannst.
Schreib mit Tinte und Feder, mit Füller oder Bleistift, mit Buntstiften oder auch mit deinem Kajalstift. Alles ist erlaubt. Alles ist möglich. Alles ist richtig.
Du kannst schreiben, malen, basteln, Aufkleber benutzen, mit Glitzer und auch ohne.
Und dann lausche nach innen – begib dich auf die Reise zu dir selbst und dann lass sie fließen – die Worte, die ganz tief unten in dir darauf warten, endlich ans Tageslicht kommen zu dürfen, um dir zu sagen, was für ein wundervoller, liebenswerter, zauberhafter, großartiger Mensch du bist.
Lass sie fließen, die lieben Worte an dich selbst.
Schreibe dir deinen eigenen Liebesbrief – sei so liebevoll, so zärtlich und so wertschätzend wie möglich.
Stecke den Brief in einen Umschlag und bitte einen sehr lieben Menschen, dem du vertraust, diesen Brief einige Zeit für dich aufzubewahren, um ihn dir dann, wenn er schon fast in Vergessenheit geraten ist, per Post zuzuschicken.
Und dann genieße ihn – deinen Liebesbrief!

PS: Wenn du magst, spielen auch wir sehr gerne den Liebesboten für dich – unter: stefanhiene.de/liebesbrief

Über den Autor

Stefan Hiene, Jahrgang 1975, dekodiert deine Worte schneller, als du denken kannst. Er schaut schneller hinter die Kulissen, als es dir lieb ist. Und er zeigt dir, worum es dir in Wahrheit geht.

Stefan ist so authentisch, dass dir schwindelig wird. Er schaut so tief, dass sich alles in dir dagegen wehrt. Er widerspricht deiner Programmierung so vehement, dass dir schlecht wird. Er mutet dir dadurch einiges zu und er ist eine Gefahr für dein bisheriges Leben in Zweifel, Sorge und Angst.

Wenn du die gröbsten Widerstände ihm gegenüber aufgegeben hast, packt er ein Geschenk nach dem anderen für dich aus und zeigt dir das Wunder, das du bist.

Was er gemeinsam mit dir erreichen möchte, ist nichts weniger, als der Himmel auf Erden.

STEFANHIENE.DE

#49Wunder

Die wichtigste Ausbildung deines Lebens ist die ENTBILDUNG der EINBILDUNG.

STEFANHIENE.DE

#intensivausbildung

Keines meiner
Worte ist wahr...
bis es dich
BERÜHRT.

STEFANHIENE.DE

#aufwachmedizin

AUFWACHMEDIZIN

Stefan Hienes Aufwachmedizin bringt dich vom Denken ins Fühlen und ist dein radikaler Weg der Heilung durch Selbstannahme.

Die Aufwachmedizin hilft dir dabei, zu erkennen, wer du wirklich bist und welche Gaben in dir schlummern.

Die Aufwachmedizin ist dein Reisebegleiter zurück zu dir!

STEFAN HIENE

Aufwach medizin

Dein radikaler Weg zur Selbstannahme

STEFANHIENE.DE
#aufwachmedizin

Preis 19,95 €
ISBN: 978-3-95883-303-6
Format 11,5 x 18,5 cm

LESERSTIMMEN

»Wenn ich an Dich denke, denke ich automatisch auch an Jesus. Du und Jesus. Jesus und Du. Oder ein- und dieselbe Seele in einer anderen Gestalt zu einer anderen Zeit? Ich denke, das kommt hin.«

Leserin der Aufwachmedizin

»Ich liebe dieses Buch! Es ist so inspirierend, berührend und bereichernd. Wachstum und Heilung werden gefördert.«

Amazon-Rezension

»Stefan Hiene ist ein Weisheitslehrer der neuen Zeit. Gnadenlos radikal und gleichzeitig liebevoll zerstört er unsere Gedankenkonstrukte und Glaubenssätze.«

Pia Fleischer

»Ich hab immer ein 49 Wunder-Buch zum Verschenken im Schrank!«

Amazon-Rezension

»Für mich ist dieses Buch das beste Buch des Jahres.«

Maria Pasiziel

»Dieses Buch hat keine fünf Sterne verdient, sondern hunderte ... zumindest aber 49.«

Amazon-Rezension

»Stefan Hiene ist ein Schreibgott.«

Heidi Marie Wellmann

»Neunundvierzig Mal genau rein ins Herz, neunundvierzig Mal zu Tränen gerührt.«

Ninan Premezzi